TRIBUNAL DE COMMERCE DE TOULOUSE

## INSTALLATION

DU PRÉSIDENT, DES JUGES ET JUGES SUPPLÉANTS

Élus le 15 janvier 1920

# COMPTE RENDU

DES

## AFFAIRES PORTÉES DEVANT LE TRIBUNAL DE COMMERCE

PENDANT LES EXERCICES 1915 - 1916 - 1917 - 1918 et 1919.

## AUDIENCE SOLENNELLE DU 9 FÉVRIER 1920

DISCOURS PRONONCÉS

PAR

| M. E. POUEY | M. P. THOUÉRY |
|---|---|
| PRÉSIDENT SORTANT | NOUVEAU PRÉSIDENT |

TOULOUSE

IMPRIMERIE ET LIBRAIRIE ÉDOUARD PRIVAT

14, RUE DES ARTS (SQUARE DU MUSÉE)

1920

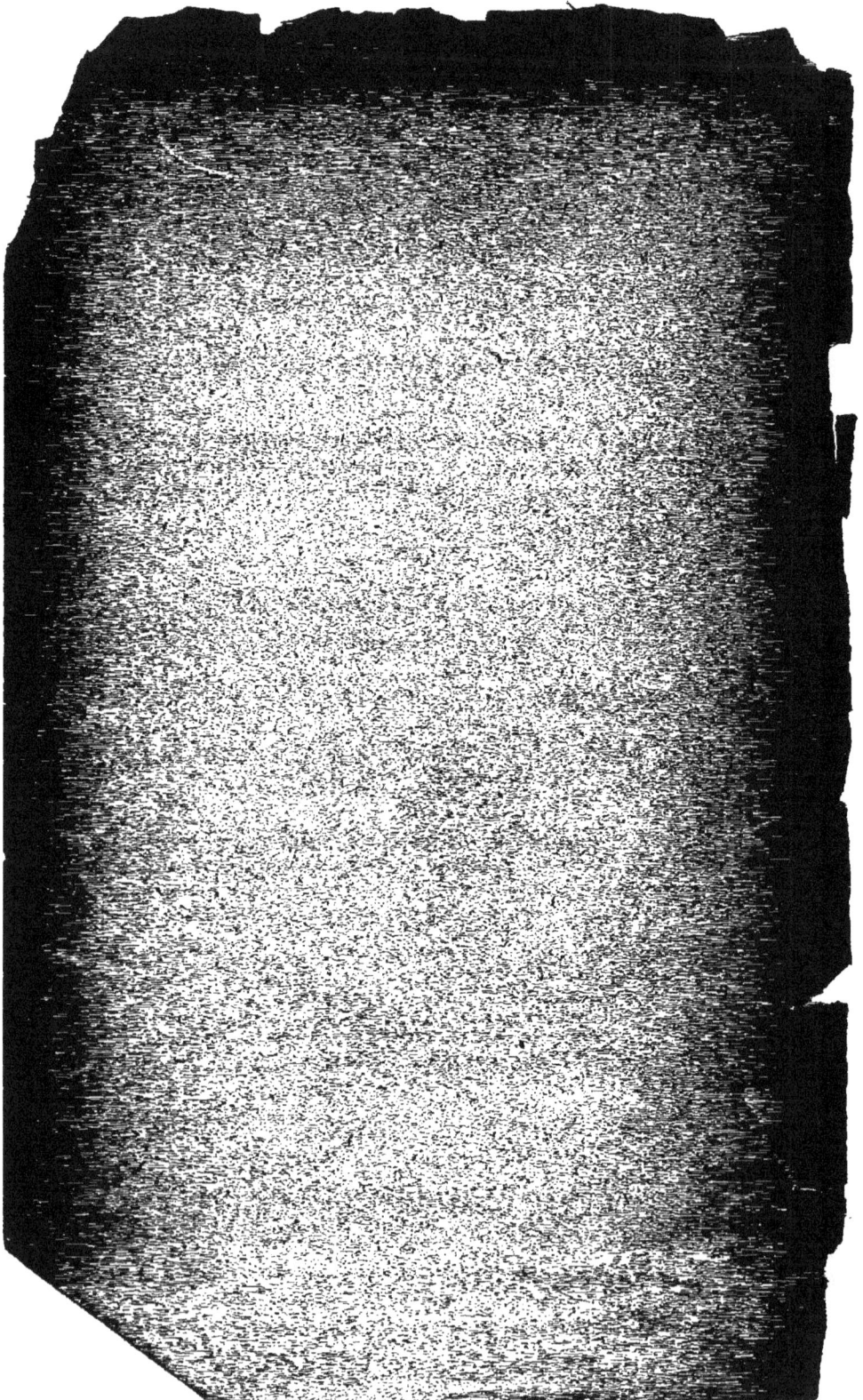

TRIBUNAL DE COMMERCE DE TOULOUSE

## INSTALLATION

DU PRÉSIDENT, DES JUGES ET JUGES SUPPLÉANTS

Élus le 15 janvier 1920.

# COMPTE RENDU

DES

## AFFAIRES PORTÉES DEVANT LE TRIBUNAL DE COMMERCE

PENDANT LES EXERCICES 1915 - 1916 - 1917 - 1918 et 1919.

## AUDIENCE SOLENNELLE DU 9 FÉVRIER 1920

DISCOURS PRONONCÉS

PAR

**M. E. POUEY**
PRÉSIDENT SORTANT

**M. P. THOUÉRY**
NOUVEAU PRÉSIDENT

## TOULOUSE

IMPRIMERIE ET LIBRAIRIE ÉDOUARD PRIVAT

14, RUE DES ARTS (SQUARE DU MUSÉE)

1920

# TRIBUNAL DE COMMERCE DE TOULOUSE

## ANNÉE 1920

*Président :*
THOUÉRY (PIERRE).

*Juges :*

MM. PRIVAT (EDOUARD).
WACHENHEIMER (Eᵈ).
LABÉRIE (E.).
BORIES (PH.).

MM. MOULIS (J.).
MASSIAS (P.).
PÉRÈS (E.).
LAURENS (L.).

VERDIER (R.).

*Juges suppléants :*

MM. LAURENT (H.).
PAU (J.-H.).
COUADAU (J.).
MIALET (G.).
LAUTECAZE (P.).

MM. BOUSQUET (P.).
LAPORTE (R.).
GUIONIE (P.).
BAQUÉ (V.).
SETZES (L.).

De BOUSSAC (PH.).

VERNHES (R.). *greffier en chef.*
BASTIÉ (M.).... *commis-greffier.*
BONNEFON (J.) id.

Juge *fixateur*......  ⎫  MM. MOULIS.
 — *conciliateur*....  ⎬  LABÉRIE.
 — *vérificateur*....  ⎭  PRIVAT.

## AUDIENCES

À 2 heures, au Palais de la Bourse.

**Lundi**..... MM. BORIES, PÉRÈS, PAU, GUIONIE.

**Mardi**.... PRIVAT, VERDIER, COUADAU, BAQUÉ.

**Mercredi**. WACHENHEIMER, LAURENT, BOUSQUET, SETZES.

**Jeudi**..... LABÉRIE, LAURENS, MIALET, LAUTECAZE.

**Vendredi**. LE PRÉSIDENT, MOULIS, MASSIAS, LAPORTE, de BOUSSAC.

# BOURSE DES MARCHANDS

**Fondée à Toulouse en 1550.**

---

## PRIEURS

1553 MARTIN DE LYCERRI.
1554 ...........
1555 D'ASSÉZAT (Pierre).
1556 DE GUERRE (Pierre).
1557 DELPUECH (Pierre).
1558 DE LALAINE.
1559 MADRON (Pierre).
1560 PASTOUREAU (O.).
1561 DUCOS (Pierre).
1562 ..........
1563 GESTES (Jean).
1564 ..........
1565 DE GAVOY.
1566 DE MAZADE.
1567 à 1570 ..........
1571 DE PÉLISSIER (Nicolas).
1572 DE NERCAN.
1573 à 1576 ..........
1577 SERMET.
1578 à 1586 ..........
1587 Noble DE ROUX (J.)
1588 à 1601 ..........
1602 Noble BARTHES (Nic.).
1603 Noble DE LORDAT (J.)
1604 Noble ANDRÉ (Franç.).
1605 Noble DE MALAPRADE, bourgeois.
1606 à 1619 ..........

1620 Noble DU BOISSET (Jean).
1621 à 1626 ..........
1627 DE GAYRARD.
1628 à 1634 ..........
1635 MIRAT.
1636 à 1640 ..........
1641 COUDERC (Raymond).
1642 à 1653 ..........
1654 Noble FAURÉ (Roland), bourgeois.
1655 Noble BESSERY (Blaise).
1656 à 1658 ..........
1659 Noble DOLMIS.
1660 Noble D'ALBENQUE (A.).
1661 ..........
1662 Noble ANDRÉ (Jacques).
1663 Noble DE BASTARD.
1664 ..........
1665 D'ARQUIER, ancien capitoul.
1666 ..........
1667 Noble VIZAREL (Jean), ancien capitoul.
1668 à 1669 ..........
1670 Noble DE ROUX.
1671 GRAS (Jean).
1672 à 1675 ..........
1676 Noble ALBERT (J.-B.).
1677 à 1681 ..........

1682 Noble DELBOY.
1683 Noble DE CROZAT, ancien ca-
      pitoul, n'accepte pas ; est
      remplacé par noble DE
      ROUX, ancien prieur et an-
      cien capitoul.
1684 Noble DE COUDERC, ancien
      capitoul.
1685 Noble DE GRAS jeune, ancien
      capitoul.
1686 Noble DE BOLDE, ancien ca-
      pitoul.
1687 Noble D'AYMAULT, ancien ca-
      pitoul.
1688 Noble DARBON.
1689 Noble DE CORBIÈRES.
1690 Noble DE BOGOL.
1691 Noble DE BALADIER.
1692 Noble DE LESPINASSE.
1693 Noble DE NADAL.
1694 Noble D'AZÉMAR.
1695 Noble DE CHARLARY.
1696 Noble DE COLOMÉS.
1697 à 1699 RICARD et PAGÈS, pre-
      mier et second consuls de
      la Bourse.
1700 DELVOLVE.
1701 SAGET.
1702 LORMAND.
1703 PALIS.
1704 AMIEUX aîné.
1705 REY.
1706 COLOMÉS.
1707 Noble DE RICARD, ancien ca-
      pitoul.
1708 DE JALAMA.
1709 Noble DE PÉRÉS, ancien capi-
      toul.
1710 DULAUD.
1711 Noble DE BERMOND, ancien
      capitoul.
1712 GISCARD.
1713 Noble DE PÉRÈS, anc. cap.
1714 DAURE DE St-CYPRIEN.

1715 AMIEUX, ancien capitoul.
1716 PAMIÉS aîné.
1717 FOURTIC, ancien capitoul.
1718 RAMBAUD.
1719 CAZANOVE, ancien capitoul.
1720 DUSSAUT père.
1721 BONNAFOUS.
1722 BERDOULAT.
1723 FRAICHE, ancien capitoul.
1724 FARJONNEL.
1725 RAIGNAC.
1726 SAINT-MARTIN, ancien capi-
      toul.
1727 MAYNAL.
1728 GUY.
1729 CASTEL.
1730 DELHOM.
1731 LAVAUD.
1732 PIJON.
1733 LICARD.
1734 CAZALS (Rd.).
1735 CAVAILHES.
1736 BONNAURE.
1737 TRUBELLE.
1738 DEPINS.
1739 FRAISSINET.
1740 DELTIL.
1741 JOURET.
1742 DUSSERRE.
1743 FORTEBILLE.
1744 BAURANS.
1745 BROUSSE.
1746 CAPMARTIN.
1747 TOUCHE.
1748 ROGOUS-CASTANET.
1749 CARANAVE.
1750 JOULIA.
1751 DUPUY (R.).
1752 NEGRET.
1753 FRAISSINET.
1754 BAURANS.
1755 ASSALIT.
1756 CAZALBON.
1757 NEGRET.

| | | | |
|---|---|---|---|
| 1758 | MAZARÉ. | 1774 | FRANCÉS aîné. |
| 1759 | DERREY, ancien capitoul. | 1775 | DEPINS. |
| 1760 | LADEVÈZE. | 1776 | PAGÉS fils. |
| 1761 | DAUPIAS. | 1777 | MASSOL. |
| 1762 | BERNARD. | 1778 | BABAR. |
| 1763 | MAZARÉ. | 1779 | MARCHAND. |
| 1764 | DELPRAT. | 1780 | ESQUIROL. |
| 1765 | TEYNIER. | 1781 | SAINT-LAURENS. |
| 1766 | COMBES. | 1782 | BRUILS. |
| 1767 | LASABATHIE. | 1783 | GOUNON jeune, anc. cap. |
| 1768 | PAGÉS père. | 1784 | TEYNIER, ancien capitoul. |
| 1769 | JOULIA. | 1785 | LOUDE (Antoine). |
| 1770 | BOUILLET. | 1786 | CASSAING (Joseph). |
| 1771 | DEPANIS. | 1787 | BRUILS cadet. |
| 1772 | BROUSSE. | 1788 | MIÉGEVILLE. |
| 1773 | VERGÉ. | 1789 | BERGER. |

# TRIBUNAL DE COMMERCE

## DE TOULOUSE

(Création des Tribunaux de commerce. — Loi du 24 août 1790.)

## PRÉSIDENTS

An I (6 déc. 1792), MARCHAND.
An III (1794), DUFFÉ, nommé par arrêté des Représentants du peuple, dans la séance du 29 frimaire an III (19 déc. 1794).
An III (1795), VIGNOLLES, nommé par arrêté du Comité de Législation du Gouvernement du 29 messidor an III (17 juillet 1795), exerce les fonctions du 3 messidor an III au 13 thermidor même année.
An IV, BAYSSADE.
An V, MAMIGNARD.
An VI, BAYSSADE.
An IX, BAYSSADE.

An XI, VIGNOLLES.
An XIII, VIGNOLLES.
1807 DUPAU.
1810 DUPAU, réélu.
1812 BOSCUS.
1813 CHAPTIVE.
1815 CASSAING (Joseph).
1817 JOULIA (Augustin).
1818 BAUDENS.
1820 CASSAING (J.).
1822 GARRIGOU neveu.
1824 BOSCUS.
1826 BAUDENS.
1828 LAYE.
1830 MARCOU.
1832 BAUDENS.

| | | | |
|---|---|---|---|
| 1834 | ALBERT (J.) père. | 1874 | OZENNE, réélu. |
| 1836 | VIGUERIE (Pascal). | 1876 | FOURCADE (Jacques), démissionnaire. |
| 1838 | BORIES ainé. | | |
| 1840 | BORIES ainé, réélu. | 1877 | BARY. |
| 1842 | VIGUERIE, démissionnaire. | 1879 | OZENNE. |
| 1842 | ALBERT (J.). | 1881 | OZENNE, réélu. |
| 1844 | ALBERT (J.), réélu. | 1883 | FOURCADE (G.). |
| 1846 | BORIES ainé. | 1885 | FOURCADE, réélu. |
| 1848 | ALBERT (J.). | 1887 | ESPINASSE. |
| 1851 | ALBERT (J.), réélu. | 1889 | ESPINASSE, réélu. |
| 1852 | MATHER. | 1891 | SIRVEN. |
| 1855 | MATHER, réélu. | 1893 | SIRVEN, réélu. |
| 1857 | VIGUERIE. | 1895 | DUBOIS (Émile). |
| 1859 | VIGUERIE, réélu. | 1897 | DUBOIS, réélu. |
| 1860 | MATHER, en remplacement de M. VIGUERIE, démissionnaire. | 1899 | GIRARD (Alfred). |
| | | 1901 | GIRARD, réélu, démissionnaire. |
| 1860 | FOURCADE, en remplacement de M. MATHER, décédé. | 1901 | DUBEDOUT, premier juge, président dévolutaire. |
| 1861 | FOURCADE, réélu. | 1901 | De BOUSSAC. |
| 1863 | LANGLADE. | 1903 | De BOUSSAC, réélu. |
| 1865 | LANGLADE, réélu. | 1906 | GIRARD (Alfred). |
| 1867 | FOURCADE. | 1907 | GIRARD (A.), réélu. |
| 1869 | FOURCADE, réélu. | 1909 | CAUSSE (Alphonse). |
| 1872 | OZENNE. | 1911 | POUEY (Edmond). |
| | | 1920 | THOUÉRY (Pierre). |

# AUDIENCE SOLENNELLE D'INSTALLATION

## 9 FÉVRIER 1920.

Le Tribunal de Commerce de Toulouse, siégeant en audience solennelle le lundi 9 février 1920, a procédé, suivant le cérémonial habituel, à l'installation du Président, des juges et juges suppléants élus ou réélus le 15 janvier 1920.

Le serment des nouveaux magistrats a été reçu par la Cour d'appel de Toulouse le lundi 9 février 1920.

L'audience ouverte, sur l'invitation de M. Pouey, président sortant, les nouveaux magistrats sont introduits.

M. le Greffier donne lecture du procès-verbal des opérations électorales qui ont eu lieu le 15 janvier 1920 et du procès-verbal de la prestation de serment des nouveaux magistrats devant la Cour, le 9 février 1920.

Suivant procès-verbal, sont élus :

MM.

Président........ THOUÉRY (Pierre).

Juges............ PRIVAT (Édouard).

WACHENHEIMER (Edmond).

LABÉRIE (Ernest).

BORIES (Philippe).

MOULIS (Joseph).

MASSIAS (Pierre).

PÉRÈS (Émile).

LAURENS (Léon).

VERDIER (R.).

Juges suppléants.. LAURENT (Henri).

PAU (Jean-Henri).

COUADAU (Joseph).

MIALET (Georges).

LAUTECAZE (Pierre).

BOUSQUET (Paul).

LAPORTE (Raymond).

GUIONIE (Paul).

BAQUÉ (Victor).

SETZES (Léon).

De BOUSSAC (Philippe).

Cette lecture terminée, le Tribunal en a donné acte, a ordonné qu'il en sera fait mention sur les registres du greffe, et a déclaré les nouveaux juges et juges suppléants installés dans leurs fonctions.

Après avoir invité les nouveaux élus à venir prendre place sur leurs sièges, M. Pouey, président sortant, a prononcé le discours suivant :

# DISCOURS DE M. EDMOND POUEY

PRÉSIDENT SORTANT

MES CHERS COLLÈGUES, MESSIEURS,

C'est avec une émotion mêlée de fierté et de crainte que, le 25 mars 1911, dans la même enceinte et avec le même cérémonial, j'avais l'honneur de prendre possession de ce siège que je vais quitter dans quelques instants. Neuf années se sont écoulées depuis. C'est une période longue pour une charge de cette nature ; je n'ose pas dire qu'elle a été pénible quand je songe aux lourdes fatigues et aux dangers constants de ceux qui, pendant que les hommes de mon âge s'efforçaient, à l'intérieur, à leur tâche régulière, offraient leur vie pour la défense de la patrie.

Travailler à la chose publique dans la sécurité de l'arrière, c'était s'acquitter d'une part bien minime de la dette contractée envers eux par chacun de nous.

Nos vaillants soldats méritent notre admiration et notre profonde reconnaissance, et, parmi eux, vous me permettrez d'adresser un plus cordial hommage à ceux qui ont fait partie avec moi de cette maison.

M. le juge PRIVAT, chevalier de la Légion d'honneur et croix de guerre, dont je n'ai pas à vous rappeler les brillantes citations, s'est révélé, sur le champ de bataille, aussi bon officier qu'il s'était montré, parmi nous, bon magistrat consulaire. Nous nous sommes

2

réjouis, sans nous en étonner, de la haute récompense qu'il a si valeureusement conquise.

Je suis heureux de lui renouveler, avec mes félicitations personnelles, celles du Tribunal.

MM. MANUEL, LABÉRIE, VERDIER, LAURENT (Henri), appelés par la mobilisation, ont payé aussi leur tribut à la patrie. Dans les différentes fonctions qu'ils ont exercées, je sais qu'ils ont accompli leur devoir militaire avec le plus actif dévouement, et qu'ils ont contribué au succès de nos armes par leur travail et leurs efforts soutenus. C'est avec plaisir que je profite de l'occasion qui m'est offerte pour leur réitérer mes félicitations et celles de leurs collègues.

Dans la compagnie de MM. les agréés, Mᵉ BREAU, croix de guerre, qui a connu des situations périlleuses dans des secteurs tourmentés, s'est montré officier de valeur, ce qui lui a valu une citation des plus élogieuses que j'ai eu l'honneur et le plaisir de lire en audience publique.

Mᵉ FÉDOU, nouveau venu dont je ne connais pas les états de service, mais sur la robe duquel je vois les insignes de la croix de guerre, fait partie aussi de ceux qui se sont distingués.

Enfin notre commis-greffier M. BASTIÉ, croix de guerre, par son attitude courageuse dans les postes d'écoute les plus exposés a été l'objet d'une citation flatteuse et méritée.

Si la guerre n'a pas fait de victimes parmi nous, nous avons cependant à déplorer la mort de notre regretté collègue M. ROUMENGOU, que les circonstances avaient éloigné du Tribunal.

Nommé sous-préfet, M. Roumengou nous quitta

pour aller prendre possession de son poste à Mauriac, et quelque temps après à Nyons, où la mort est venue le trouver. C'était un collègue sympathique et dévoué ; il apportait à l'exercice de sa fonction les ressources de son intelligence et ses connaissances juridiques. Sa perte a été vivement ressentie par le Tribunal où il n'avait que des amis. J'adresse un souvenir ému à sa mémoire.

Maintenant que chacun est revenu dans son foyer, que nous avons réorganisé les services dans toutes les branches de la vie nationale, il faut nous remettre résolument au travail pour que la prospérité matérielle et la force économique de notre pays soient proportionnées à la grandeur morale que lui assure la victoire.

Au Tribunal de Commerce, comme partout, il faudra travailler, car la guerre aura fait naître des procès dont la solution rapide s'imposera.

Le rôle de notre Tribunal, déjà chargé, verra s'inscrire de nombreuses affaires, le labeur de tous sera nécessaire.

Permettez-moi de vous dire, mes chers collègues, que vous devrez seconder de tous vos efforts votre président M. Thouéry. Inspirez-vous de ses conseils et de son exemple. Ses qualités de travailleur profondément attaché à sa fonction, son intelligence éclairée, son esprit pénétrant, sa connaissance approfondie des affaires, ont fait de lui un des meilleurs magistrats consulaires, et lui ont valu le siège de président qu'il occupera avec dignité, autorité et compétence.

Je suis particulièrement heureux, mon cher Président, de rendre hommage à vos mérites ; nul mieux que moi n'est qualifié pour les connaître. Je vous ai vu à l'œuvre, vous avez été pour moi un collaborateur précieux et dévoué.

Au cours de la guerre, alors que la plupart de nos collègues étaient mobilisés ou empêchés, vous avez régulièrement assuré le service qui vous était dévolu. Vous avez tenu avec une assiduité exemplaire toutes les audiences du lundi, et vous avez accompli, avec vos dévoués assesseurs, un travail sérieux et suivi.

Je vous en félicite et vous en remercie vivement.

Mes remerciements vont aussi à vous tous, mes chers collègues, qui m'avez prêté votre concours et facilité la tâche qui m'incombait. Les uns et les autres, dans la limite de vos attributions, vous avez apporté à l'œuvre de la justice un concours éclairé que j'ai su apprécier et auquel je me fais un devoir de rendre hommage en me séparant de vous.

Je ne veux pas me retirer sans adresser à MM. les agréés les éloges que je leur dois.

Il y a neuf ans, en inaugurant mes fonctions, je vous disais, Messieurs, comment je comprenais l'exercice de votre profession vis-à-vis du Tribunal; vous vous y êtes scrupuleusement conformés en vous inspirant des sentiments de probité et de haute moralité professionnelle qui sont de tradition dans votre compagnie. En écartant les mesquineries de la procédure, vous avez facilité et accéléré la solution des procès, ce qui est indispensable devant notre juridiction.

Je rends aussi hommage à vos sentiments de confraternité que les circonstances ont mis en évidence d'une façon particulièrement touchante.

Permettez-moi, M⁰ ALBY et M⁰ ARTHUS, de souligner votre geste à l'égard de M⁰ BREAU.

Malgré la lourde besogne qui vous incombait personnellement vous avez préparé et plaidé les affaires de votre collègue retenu aux armées.

Ce devoir de solidarité imposé par la guerre vous l'avez accompli consciencieusement et généreusement. Je suis heureux de le signaler et de vous en féliciter.

La guerre, MONSIEUR LE GREFFIER, vous a tenu longtemps éloigné de nous. Comme officier d'administration vous avez contribué à l'œuvre commune dans un service qui pour être sans péril, n'en est pas moins nécessaire, et qui exige des qualités solides dont aucune ne vous a manqué ; la tenue de votre Greffe et la façon de remplir votre rôle nous en est une garantie. Je me plais à vous en féliciter ainsi que vos collaborateurs.

Vous allez bientôt, MM. LES SYNDICS, reprendre vos fonctions temporairement interrompues par le décret du 4 août 1914 relatif aux faillites, vous aurez en plus de nouvelles attributions dans les règlements transactionnels prévus par la loi du 2 juillet dernier dont l'application ne s'est pas encore généralisée. Je crois qu'il y aura dans ces liquidations occultes des mécomptes et des inconvénients sérieux, je ne doute pas qu'en ce qui vous concerne, vous y apportiez votre concours probe et clairvoyant que je connais et dont je n'ai eu qu'à vous louer.

Je n'oublie pas, MM. LES HUISSIERS, votre collaboration modeste et discrète dont j'ai apprécié la correction au cours de mes rapports avec vous ; je vous en remercie sincèrement.

En terminant, laissez-moi vous dire, mes chers collègues, qu'aujourd'hui, comme le 25 mars 1911, j'éprouve une émotion nuancée, cette fois, de la mélancolie des séparations.

Le souvenir de l'estime dont vous m'avez entouré, de l'ambiance de chaude sympathie que vous avez fait régner autour de moi, me suivra dans ma retraite.

Je n'évoquerai jamais sans plaisir mon passage dans cette maison que votre amitié m'a faite si accueillante, et c'est du meilleur de mon cœur que jaillit, avec mon adieu, l'expression de ma profonde gratitude.

# DISCOURS DE M. THOUÉRY

PRÉSIDENT DU TRIBUNAL

En prenant possession de ce siège, permettez-moi de
vous remercier, Monsieur le Président, des paroles
aimables que vous venez de m'adresser; de tous les
mérites que m'attribue votre trop grande bienveillance,
je n'en veux retenir qu'un, celui d'avoir, dans la me-
sure de mes faibles moyens et avec le concours dévoué
de mes assesseurs, essayé d'accomplir le devoir que
s'impose tout magistrat consulaire en acceptant ces
fonctions, celui de tenir régulièrement les audiences,
entendre le plus d'affaires possible et les solutionner
dans le plus bref délai.

L'effort que m'a demandé l'accomplissément de ce
devoir est bien minime, comparé à celui que vous
avez dû fournir vous-même pour tenir aussi régulièrement votre section de rôle, beaucoup plus chargée que
la mienne, et satisfaire dans des conditions difficiles
aux nombreuses charges inhérentes à votre fonction de
Président du Tribunal.

Cette fonction, vous l'avez occupée pendant neuf
années avec une autorité et une compétence auxquelles
nous nous plaisons tous à rendre hommage ; aussi
est-ce avec un profond regret que nous vous voyons
quitter ce siège que vous avez si brillamment occupé.

Votre départ fait perdre au Tribunal un de ses meilleurs Présidents, et à nous un chef pour lequel nous avions la plus grande estime et les plus chaudes sympathies. Cette estime et ces sympathies vous suivront dans la retraite que vous vous êtes volontairement imposée, et nous non plus, Monsieur le Président, n'évoquerons jamais le passé sans y mêler votre agréable souvenir et nous rappeler le tact, la bienveillance et la bonté dont vous avez fait preuve à notre égard pendant toute votre judicature.

Permettez-moi aussi de m'associer aux félicitations que vous venez d'adresser à MM. Privat, Manuel, Labérie, Verdier, Laurent (Henri), Breau, Fédou, Vernhes, Bastié, pour le dévouement avec lequel ils ont accompli leur devoir militaire dans les divers postes ou services où ils ont été placés au cours de la dernière Guerre, à MM. les Agréés pour leur probité professionnelle et les sentiments de confraternité dont ils ont fait preuve à l'égard de leurs confrères mobilisés, à M. le Greffier et à ses collaborateurs pour la bonne tenue du Greffe, à MM. les Huissiers pour la régularité avec laquelle ils assurent le service de nos audiences, à MM. les Syndics pour le soin qu'ils mettent à instruire les affaires soumises à leur arbitrage, et aussi au salut adressé à la mémoire de notre collègue M. Roumengou.

M. Saint-Lézin, arrivé au terme de son mandat, quitte le Tribunal après plusieurs années de judicature au cours desquelles il a mis au service de la justice sa connaissance approfondie des affaires.

MM. Espy, Manuel, Guiraud, Berjeaut, Seuve, Brunet se retirent volontairement en laissant parmi nous le souvenir de magistrats consciencieux, actifs,

dévoués et profondément attachés à leurs fonctions
qu'ils ont remplies avec une incontestable compétence;
je leur adresse l'expression de regret que nous cause
leur départ.

MM. Privat, Vachenheimer, Labérie, Bories, Moulis,
Massias, Pérès, Laurent (Léon), Verdier ont été
nommés juges titulaires; nous n'avons qu'à nous en
féliciter, leur passé comme juges suppléants nous sont
un sûr garant qu'ils rempliront leurs nouvelles fonctions avec autorité et compétence.

M. Henri Laurent a été réélu juge suppléant pour un
an; en attendant sa réélection comme juge titulaire, il
continuera à mettre au service du Tribunal les ressources de son esprit avisé, sa grande expérience des
affaires.

Les groupements commerciaux et industriels de Toulouse et de la région ont d'un commun accord désigné
comme juges suppléants et présenté aux électeurs qui
ont ratifié leur choix, ce dont nous les félicitons,
MM. Pau, Couadau, Mialet, Lautecaze, Bousquet,
Laporte, Guionie, Baqué, Setzes, de Boussac, tous chefs
d'importantes et prospères firmes commerciales ou
industrielles dont la direction demande une grande
activité et une parfaite connaissance des affaires; ils
arrivent au Tribunal avec des compétences nous auto-
risant à fonder les plus grands espoirs sur l'efficacité
de leur collaboration; aussi est-ce avec grand plaisir
que je leur souhaite la bienvenue.

Parmi ces nouveaux collègues, certains ont, au cours
de la dernière guerre, été appelés sous les drapeaux et
s'y sont vaillamment et courageusement comportés;
leur brillante conduite a valu :

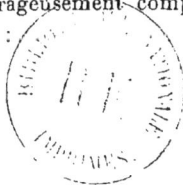

A M. Guionie, trois citations et la croix de la Légion
d'honneur ;

A M. Laporte, une citation et la croix de la Légion
d'honneur ;

A M. Lautecaze, une citation et la croix de Guerre ;

A M. Baqué, une citation et la croix de Guerre ;

A M. de Boussac, une citation et la croix de Guerre.

Je suis particulièrement heureux de les féliciter en
mon nom et au nom de tout le Tribunal.

### Monsieur le Greffier,

Il m'est agréable de joindre mes éloges à ceux que
mes devanciers n'ont cessé de vous adresser, ainsi qu'à
vos collaborateurs, pour l'ordre et la méthode que
vous apportez à la tenue de votre Greffe.

### Messieurs les Agréés,

Les quelques années que j'ai passées au Tribunal
m'ont permis de constater et d'apprécier le soin que
vous apportiez à la préparation des affaires et la clarté
avec laquelle vous développiez vos conclusions devant
le Tribunal, lui permettant une compréhension plus
rapide et plus complète des litiges portés devant lui ;
je vous demande de persévérer dans cette voie, et
d'avance je vous en remercie.

MESSIEURS LES HUISSIERS,

Je vous félicite de la régularité avec laquelle vous assistez aux audiences et du bon ordre que vous y faites régner.

MESSIEURS LES SYNDICS,

Je vous adresse mes félicitations pour le concours dévoué et éclairé que vous apportez à l'étude des affaires soumises à votre arbitrage et vous prie de persister dans cette bonne voie.

MES CHERS COLLÈGUES,

Ainsi que vous le disait tout à l'heure M. le Président POUEY, aux affaires déjà nombreuses inscrites à notre rôle vont venir s'ajouter celles nées de la guerre; les unes et les autres demandent une solution rapide. Pour arriver à ce résultat, je fais appel à tout votre dévouement en vous demandant de tenir très régulièrement vos audiences, entendre le plus d'affaires possible et les solutionner rapidement.

En agissant ainsi, vous accomplirez le devoir que vous impose votre fonction de magistrat consulaire et justifierez la confiance que vous ont accordé vos pairs en vous faisant le grand honneur de vous choisir pour les juger.

# COMPTE RENDU DES TRAVAUX DU TRIBUNAL

Il a été tenu, pendant l'année, 121 audiences publiques.

853 affaires restaient à juger au 1ᵉʳ janvier 1918.

1.472 — ont été introduites dans le cours de la présente année.
_____
2.325 Total des affaires dont le Tribunal a eu à s'occuper.

Sur ce nombre :

93 ont été jugées par défaut.

185 — contradictoirement.

28 ont été renvoyées devant les experts ou arbitres.

798 — retirées ou conciliées.

1.221 restaient à juger au 31 décembre.
_____
2.325 Ensemble.

Sur les 278 affaires jugées :

189 l'ont été en premier ressort.

89 — dernier ressort.
_____
278 Ensemble.

Il a été déposé au greffe du Tribunal :

46 rapports d'arbitres ou experts.
79 actes de Sociétés en nom collectif.
 8     —        en commandite simple.
 2     —           —     par actions.
21     —     anonymes.
14     —     à capital variable.
17 actes de dissolution de Sociétés en nom collectif.
20     —         —     anonymes.
 9 actes de dissolution de Sociétés en commandite par actions.
 1 acte de dissolution de Société en commandite simple.
85 marques de fabrique.
50 inscriptions ou renouvellements de nantissements de fonds de commerce,
100 inscriptions de privilège de vendeur (loi du 17 mars 1909).

Le greffe a reçu :

69 contrats de mariages de commerçants.
18 séparations de biens ou de corps, dont 6 avec assistance judiciaire.
84 divorces, dont 55 avec assistance judiciaire.

Enfin, pour compléter le roulement de nos affaires, nous devons ajouter que 79 jugements ont été rendus en Chambre du Conseil, sur lesquels 47 en matière de faillite, 32 en toute autre matière

Compte rendu des faillites et Cessations de paiements.

Du 1ᵉʳ janvier au 31 décembre 1919, il a été déclaré
7 cessations de paiements :

1 sur dépôt de bilan.
6 sur poursuites des créanciers.
1 réouverture.
70 restaient à liquider au 1ᵉʳ janvier 1919.

78 Total des faillites dont les membres du Tribunal
ont eu à s'occuper.

Dans les années 1915-1916-1917-1918, le chiffre total
avait été de 6.
Sur le nombre de 78 de l'exercice qui nous occupe :

1 a été rapportée.
10 clôturées par défaut d'actif.
2 par concordat.
65 restaient à liquider au 31 décembre 1918.

78 Total égal.

*Genre de Commerce ou d'industrie des 7 faillites ouvertes
pendant l'année.*

Photographe.......................... 1
Commerce de l'alimentation........ 3
Commerce des vêtements.......... 2
Bâtiment............................. 1

Total ................ 7

## Compte rendu des Liquidations judiciaires.

(Loi du 4 mars 1889.)

Pendant les années 1915-1916-1917-1918, le Tribunal a prononcé l'ouverture de 5 liquidations judiciaires sur requête des débiteurs.

26 restaient à liquider au 1ᵉʳ janvier 1919.

Sur ce nombre :

2 ont été terminées par concordat simple.
1 pour insuffisance d'actif.
23 restaient à régler au 31 décembre 1919.

26 Total égal.

# LE TRIBUNAL DE COMMERCE ET LA GUERRE

*Citations ou récompenses obtenues par :*

M. Baqué, juge suppléant :

Soldat Baqué, 202ᵉ régiment d'infanterie, C. H. R.
« Très bon soldat téléphoniste, plein d'allant ; s'est
particulièrement distingué dans la période du 8 au
20 août 1918, dans la réparation des lignes téléphoni-
ques avec les bataillons dans des circonstances souvent
difficiles et périlleuses, montrant ainsi le plus grand
mépris du danger. » (Citation à l'Ordre du Régiment,
20 septembre 1918.)

\*
\*\*

M. de Boussac, juge suppléant :

De Boussac (Philippe), officier d'administration de
1ʳᵉ classe, officier d'approvisionnement du Quartier
Général de la 67ᵉ Division de réserve : « Chargé de l'ex-
ploitation des ressources dans des localités soumises à
un bombardement constant et violent, a montré les
plus belles qualités de sang-froid et d'énergie en allant
sous le feu retirer les approvisionnements restés dans
les villages, ce qui a permis de sauver et d'utiliser des
ressources importantes et vouées à la destruction. »
(Citation à l'Ordre de la Division, 29 mars 1916.)

M. Guionie, juge suppléant :

Capitaine Guionie (Paul-Émile-Raymond), commandant la compagnie 15/5 du 7ᵉ génie : « Chargé de
travaux multiples et en particulier des voies de com-
munication de l'avant, se dépensant sans compter,
nuit et jour, n'hésitant jamais à se porter aux points
les plus dangereux, le capitaine Guionie ne cesse de
donner le plus bel exemple d'activité, de dévouement
et de mépris du danger. » (Général Debeney, comman-
mandant le 32ᵉ Corps d'armée. — Ordre du C. A.,
n° 325/A, 21 novembre 1916.)

Le Général commandant le 32ᵉ Corps d'armée cite à
l'Ordre du Corps d'armée la Compagnie 15/5 du 7ᵉ génie : « Sous l'habile direction de son chef, le capitaine
Guionie, la Compagnie 15/5 du 7ᵉ génie, a établi de
nombreux passages sur un cours d'eau important et les
a parfaitement entretenus du 6 février au 25 avril
1917, malgré les tirs d'artillerie allemande, violents et
systématiques ; cette unité a ainsi assuré, d'une façon
constante, la liaison entre les divers éléments d'un
Corps d'armée, malgré les plus grandes difficultés. »
(Ordre général M. 587/A, 1ᵉʳ juin 1917.)

Inscrit au Tableau spécial de la Légion d'honneur
pour Chevalier, le 13 juillet 1918.

\*\*

M. Laporte, juge suppléant :

Capitaine Laporte (Raymond-Marie), commandant la
45ᵉ batterie du 57ᵉ d'artillerie : « Bien que dégagé par

son âge de toute obligation militaire, commande au front depuis le début de la campagne, et à plusieurs reprises dans des secteurs particulièrement difficiles, une batterie territoriale dont il a su faire, par son ardeur et son énergie personnelle, l'égale des meilleures unités de campagne.

« Bien qu'indisponible à la suite d'un sérieux accident, a refusé de quitter le commandement de son unité. » (Général Putz, commandant le 4ᵉ C. A. O.-dre du Corps d'armée, n° 33, 21 août 1915.)

Inscrit au Tableau spécial de la Légion d'honneur, pour Chevalier :

« Capitaine Laporte, commandant la 45ᵉ batterie du 57ᵉ d'artillerie. Officier de réserve plein d'énergie, connaissant parfaitement ses règles de tir et obtenant de sa batterie un rendement maximum, depuis un mois sur des positions successives particulièrement exposées au feu de l'ennemi. » (*J. O.* du 11/11/15.)

\*\*

M. LAUTECAZE, juge suppléant :

Lautecaze (Pierre), sergent au 59ᵉ régiment d'infanterie : « Adjoint à l'officier d'approvisionnement, a été pour son chef de service un précieux auxiliaire. Dans les ravitaillements pénibles et dangereux a toujours été pour ses hommes un modèle de courage et d'endurance.

« Le 9 juillet 1915, le ravitaillement étant pris sous un violent bombardement, a su, par son calme et son énergie, maintenir le bon ordre et éviter ainsi des pertes plus grandes. »

M. Privat, juge :

Privat (Édouard), lieutenant commandant la 8ᵉ Compagnie du 14ᵉ régiment d'infanterie : « Par son sang-froid et sa belle attitude, a puissamment contribué, le 14 décembre, à maintenir sa compagnie sur la position, malgré un feu très violent d'artillerie. A ainsi montré à tous où était le devoir dans des circonstances particulièrement critiques.

« Enseveli avec plusieurs de ses hommes par l'explosion d'un fourneau de mine allemand, aussitôt dégagé, n'a eu que le souci de sauver ses hommes et de poursuivre l'accomplissement de sa mission. » (Citation à l'Ordre de l'Armée. J. O. du 14 janvier 1915.)

Inscrit au Tableau spécial de la Légion d'honneur, pour Chevalier :

« Privat (Édouard), lieutenant de réserve au 14ᵉ d'infanterie, conduit remarquablement sa compagnie, depuis le 17 octobre 1914 ; a été blessé au moment où il lançait sa compagnie à l'assaut des tranchées ennemies le 20 décembre 1914 ; commandant de compagnie des plus énergiques et des plus braves. » (Ordre nᵉ 499 D. — J. O., 31 janvier 1915.)

Capitaine Privat (Édouard), de la compagnie 18/51 T du 2ᵉ régiment du génie : « Excellent commandant de compagnie, d'un bel exemple pour ses subordonnés par sa conscience et son esprit de devoir. — Le 11 juillet 1916, aux abords du Fort de Souville, a obtenu de ses hommes, sous un violent bombardement, un très gros effort, maintenant dans sa troupe le meilleur esprit, malgré les pertes qu'elle subissait. » (Général Guillemin, commandant la 131ᵉ Division, 1ᵉʳ octobre 1916. Ordre de la Division.)

1ᵉʳ février 1919. — Croce al merito di guerra (Croix de guerre italienne.)

\* \*

M. Breau (Gérard), avocat agréé :

Sergent-fourrier Breau (Gérard), 21ᵉ compagnie du 214ᵉ d'infanterie : « Au cours du bombardement du 7 mars 1916, n'a pas hésité à se porter au secours de son commandant de compagnie blessé, et à aller, sous un feu violent, chercher un infirmier pour terminer le pansement qu'il avait commencé. Blessé par la chute d'un abri provoquée par l'explosion d'un gros obus, a donné l'exemple du plus grand sang-froid, malgré le danger qu'il venait de courir. » (Ordre du 214ᵉ R. I., nᵒ 52, 17 mars 1916.)

Sous-lieutenant Breau (Gérard), de l'État-major de l'infanterie : « Officier d'un dévouement à toute épreuve qui a une très haute conception du devoir. L'a démontré comme officier de troupe, temps pendant lequel il a été blessé deux fois, puis comme officier d'État-major. A contribué d'une manière très efficace à la préparation de l'offensive au nord de l'Aisne (octobre 1917), et au succès des opérations dans le secteur de la Division d'infanterie, en recherchant les renseignements sur l'ennemi et en les coordonnant. A, en outre, effectué plusieurs reconnaissances sous de violents bombardements. » (Ordre de la 67ᵉ Division, nᵒ 269, du 4 novembre 1917.)

Lieutenant Breau (Gérard), de l'État-major de l'infanterie : « A, au cours des opérations offensives du 10 août 1918 au 28 du même mois, exécuté sous le feu plusieurs missions qui ont contribué à éclairer le commandement et à préparer les succès obtenus. » (Ordre de la Brigade. — Inf. de la 67ᵉ Division, n° 118, du 29 août 1918.)

Lieutenant Breau (Gérard), de l'État-major de l'infanterie : « Officier animé d'un sentiment très élevé du devoir, qui, au cours de la période de poursuite, du 10 octobre au 6 novembre 1918, a de nouveau donné l'exemple d'un complet mépris du danger. En particulier le 14 octobre 1918, à Anguilcourt, le 18 octobre à Nouvion et Catillon. Les 27 et 28 octobre dans les combats autour de la Ferme Valécourt a exécuté, sous de violents bombardements, plusieurs reconnaissances périlleuses et a fourni au Commandement des renseignements précieux sur la situation des troupes et la marche des opérations. » (Ordre de la 67ᵉ Division, n° 471, 21 janvier 1919.)

*
* *

M. Fédou (Charles), avocat agréé :

Fédou (Charles), du 243ᵉ régiment d'infanterie : « A lutté avec énergie contre des forces supérieures le 23 septembre 1914. A brillamment conduit sa section le 25 septembre 1914 à l'assaut des positions ennemies. » (Ordre du 343ᵉ R. I. — 15 décembre 1915.)

« Excellent capitaine. A renforcé sous le feu avec sa compagnie une position que l'ennemi attaquait avec

acharnement. A suppporté et repoussé brillamment
deux nouvelles attaques malgré les pertes importantes
subies par son unité. » (Ordre de la 161ᵉ Division,
n° 135, 20 août 1917.)

« Officier d'une haute valeur morale et professionnelle. Dans les journées des 3 et 6 avril 1918, a main-
tenu ses sections, sous la menace d'une attaque enne-
mie, dans des tranchées complètement bouleversées
par les bombardements. A fait preuve de la plus
grande énergie et du plus grand sang-froid en maintenant sa compagnie sous un tir violent et infligeant de
lourdes pertes à l'ennemi. » (Ordre de l'Armée, n° 23.138,
Grand Quartier Général des Armées françaises de l'Est,
19 octobre 1919.)

\*\*\*

M. Bastié, commis greffier :

Sapeur Bastié (Marius) du 8ᵉ génie (section d'écoute) :
« Chargé depuis deux ans de la réparation des fils télé-
phoniques établis en avant de nos premières lignes et
au contact de l'ennemi, fait preuve d'un dévouement
inlassable et d'un réel courage ; s'est particulièrement
distingué le 4 février 1918, en allant réparer ses lignes
sous un feu violent d'artillerie. » (Général Douchy,
Chef d'État-major de la VIIIᵃ Armée. Ordre de l'État-
major de la VIIIᵉ Armée, n° 67.)

TOULOUSE. — Imp. et Lib. EDOUARD PRIVAT. — 3125

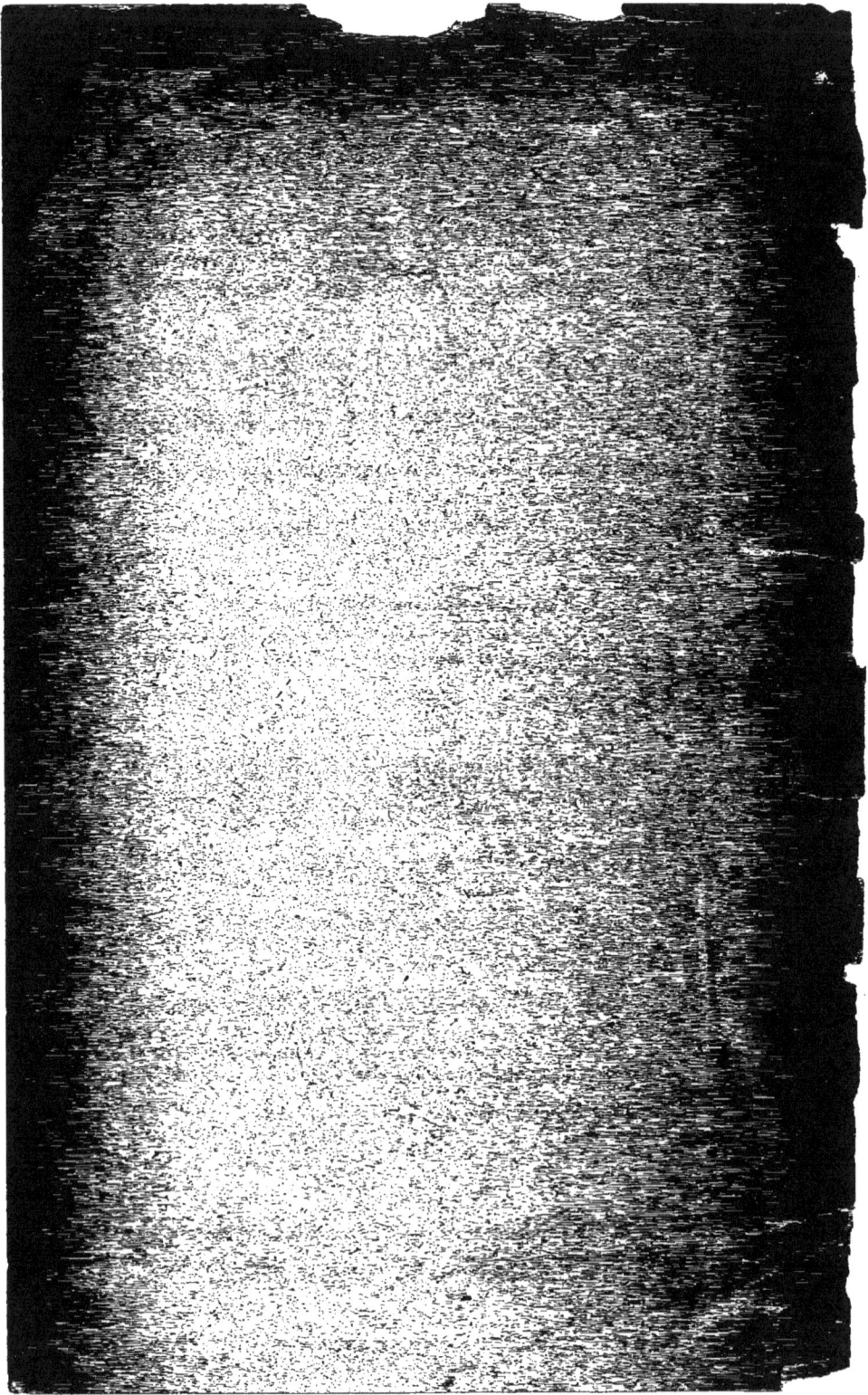

www.ingramcontent.com/pod-product-compliance
Lightning Source LLC
Chambersburg PA
CBHW070720210326
41520CB00016B/4409